AF244563

HOMMAGE

DE LA SOCIÉTÉ DE SECOURS MUTUELS DE MONTMORENCY

A SON ANCIEN PRÉSIDENT, M. NOEL BRICON.

Une existence modeste, mais féconde en bons exemples et en œuvres utiles, vient de s'éteindre à Montmorency.

M. Noël Bricon, président honoraire de la Société de secours mutuels de cette ville, a succombé lundi, 24 août, dans sa soixante-treizième année, à la suite d'une longue et douloureuse maladie.

Ses obsèques ont été célébrées le jeudi suivant, 27 août, au milieu du concours des populations environnantes, empressées à rendre à cet homme de bien un témoignage public d'estime et d'affection.

La Société de prévoyance dont l'honorable défunt avait été pendant vingt-trois ans consécutifs, d'abord vice-président, puis président titulaire ou honoraire, avait tenu tout entière à acquitter sa dette de reconnaissance envers son bienfaiteur.

De nombreuses députations représentaient les Sociétés mutuelles d'Argenteuil, Sannois, Napoléon-Saint-Leu et Villiers-le-Bel, manifestant ainsi l'union étroite qui règne entre ces œuvres fraternelles.

Après les dernières paroles dites sur la tombe par M. le curé de Montmorency, deux discours ont été prononcés : l'un par M. le baron Burthe d'Annelet, président actuel de la Société de secours mutuels de Montmorency, qui a retracé, dans une improvisation émouvante, la vie pleine d'abnégation et de dévouement de son digne prédécesseur ; l'autre par M. Dubois, président de la Société de Saint-Denis d'Argenteuil, qui s'est fait l'éloquent interprète des députations réunies dans cette douloureuse circonstance.

L'assistance, composée de plus de huit cents personnes, s'est séparée témoignant par son attitude les regrets profonds que lui inspiraient les vertus et les services de l'honorable défunt.

Puisse ce concours significatif prouver une fois de plus, que l'amour du bien et le dévouement aux intérêts d'autrui exercent un prestige égal au moins à l'éclat de la fortune, des grandeurs et des dignités.

Discours de M. le baron Burthe d'Annelet.

MESSIEURS, MES AMIS,

Vous m'approuverez tous, je le sais, et cette conviction soutient mes forces brisées par la douleur ; vous m'approuverez, dis-je, de ne point laisser fermer cette tombe sans adresser l'expression de nos regrets et de notre reconnaissance, ainsi qu'un suprême adieu, à M. Noël Bricon, notre Président, notre ami, notre bienfaiteur.

Vous avez compris, mes chers sociétaires, que cet homme de bien ayant rendu à notre Société des services exceptionnels, avait droit à des honneurs également exceptionnels; et, répondant avec empressement à notre douloureux appel, vous avez tenu à acquitter votre dette de reconnaissance personnelle envers notre bienfaiteur commun : cet élan du cœur vous honore, et je vous remercie avec effusion au nom de mes Collègues, en ce moment solennel où, interprète de vos sentiments, je viens avec une émotion profonde rendre ici un dernier hommage à une mémoire vénérée.

M. Alexandre Noël Bricon était né à Montmorency, le 30 janvier 1796, de parents également originaires de cette ville qui, prévoyant dès lors l'importance que l'instruction devait acquérir plus tard, avaient eu à cœur de donner à leur fils une éducation sérieuse dont il sut profiter et faire toujours, (ainsi que nous l'avons vu), un digne et noble usage ; ses études à peine terminées, le jeune Noël Bricon se trouva chargé de la perception des communes d'Andilly, Margency, Soisy et Eaubonne ; il s'acquitta de ces fonctions délicates avec la précision et l'intelligence d'un véritable comptable. Mais cette carrière devait bientôt sembler par trop restreinte à l'esprit actif et organisateur de notre jeune compatriote; aussi, le voyons-nous, après trois années d'exercice, quitter quoiqu'à regret une contrée à laquelle il était attaché, pour aller fonder à Beaumont-sur-Oise une importante maison de commerce. Doué d'une aptitude toute particulière pour les affaires, M. Bricon parvint à réaliser, dans l'espace de quatorze années d'un travail assidu et intelligent, une honnête aisance; mais, resté modeste au sein de la prospérité, malgré les regrets et les sympathies unanimes des habitants de Beaumont, il revint au pays natal pour y jouir de cette honorable indépendance dont il devait faire profiter surtout ses concitoyens. A partir de ce moment vous savez le reste, Messieurs, car la vie de M. Noël Bricon, vie toute de labeur et de dévouement, s'est écoulée au milieu de nous. Il s'occupa d'abord de faire valoir lui-même ses propriétés : mais en homme de cœur, il devait bientôt reconnaître qu'il importe davantage à une conscience honnête de faire prospérer les affaires d'autrui, que de gérer habilement les siennes. Aussi, une occasion de rendre d'importants services s'étant offerte à lui, bien qu'il ne l'eût point recherchée, il la saisit avec ardeur. Une Société de secours mutuels venait d'être fondée à Montmorency : ses commencements, ainsi qu'il arrive à toute œuvre nouvelle, étaient difficiles ; on n'avait pas su apprécier encore les bienfaits de la mutualité ; M. Bricon s'empressa d'encourager en acceptant la qualité de membre honoraire la nouvelle institution ; mais on ne pouvait se contenter de cette simple adhésion de sa part, on le savait bon administrateur, et la même année 1845, l'Assemblée générale l'élevait en quelque sorte malgré lui et par d'unanimes suffrages, à la Vice-Présidence de la Société mutuelle de notre chef-lieu de canton, dirigée à cette époque par M. Dardare. Le nouveau Vice-Président s'attacha à apporter plus d'ordre et de régularité dans une administration naissante qui laissait encore à désirer sous ce rapport; et l'on peut dire qu'il réussit pleinement dans cette tâche aussi importante que délicate.

L'année suivante, les Sociétaires ayant décerné la présidence à M. Sylvain Caubert, ce dernier, avec cet esprit judicieux qui le distinguait, reconnaissant de suite combien il importait à l'avenir de la Société de conserver un collègue aussi dévoué et expérimenté que M. Noël Bricon, ne négligea rien pour faire de lui tout à la fois son coopérateur et son ami. Aussi l'harmonie la plus parfaite régnat-elle sans interruption entre ces deux hommes de bien. Cet heureux accord devait procurer à notre chère Association dix-huit années d'une administration *irréprochable* et d'une prospérité toujours croissante. Néanmoins, laissez-moi vous rappeler à ce sujet les paroles du regretté Président Caubert à l'occasion des élections annuelles :
« Mes amis, nous répétait-il à chaque assemblée générale
« du mois de mai, n'oubliez pas qu'il me serait impossible
« de rester à votre tête, si je n'avais comme puissant auxi-
« liaire votre dévoué Vice-Président, M. Bricon. »

Ces deux collègues de mérites si différents se complétaient l'un par l'autre : une estime réciproque, une confiance absolue, une même foi dans l'avenir de la mutualité les unissaient étroitement : tous deux possédaient à un même degré le sentiment du devoir et le désir du succès toujours si légitime lorsqu'il a pour but le bien du prochain.

On peut dire, avec vérité, que, tandis que de sa retraite de Soisy, M. Sylvain Caubert présidait notre association avec cette autorité que nous avons tous pu constater, M. Bricon, installé au siège même de la Société, en était le véritable administrateur, lui qui surveillait si activement les différents services, parait habilement à toutes les éventualités et consacrait tout son temps aux mille détails d'une administration complexe.

La Société, confiante en cette alliance de deux hommes de cœur et d'expérience, poursuivait avec sécurité sa marche progressive, quand une mort prématurée vint lui enlever son vaillant Président. Cette perte cruelle autant qu'inattendue jeta le deuil et la consternation dans tous

les cœurs. Dans le premier moment, on alla jusqu'à dé-
sespérer du salut de notre œuvre qui devait, il est vrai,
traverser des phases difficiles ! Mais le sentiment du dan-
ger commun nous amena sagement à nous grouper autour
du seul homme digne et capable de supporter une aussi
lourde succession ; et le jour même des obsèques de notre
vénéré Président, sur la place de Soisy, près de cette
tombe encore ouverte, vous proclamiez d'un commun
accord pour son successeur, M. Noël Bricon, le compa-
gnon de ses travaux, le dépositaire de ses traditions.
L'Assemblée générale, convoquée extraordinairement dans
ces douleureuses circonstances, devait ratifier par ses suffrages unanimes cette décision qui avait été, tout à la fois,
une sage inspiration et comme l'expression spontanée
d'une volonté d'outre-tombe.

M. Noël Bricon présida ainsi notre Association mutuelle
pendant trois ans et demi, et toujours avec un tact, une
bienveillance et un dévouement dignes de celui dont il
était le légitime continuateur ainsi que le disciple le plus
accompli. Pendant le temps malheureusement trop court
qu'il occupa la présidence, M. Bricon réussit par une administration prévoyante et économe à accroître notre fonds
de réserve de plus de 15000 francs, résultat remarquable,
chiffre bien éloquent !

Mais les forces de notre bon Président allaient en dimi-
nuant ; sa santé s'altérait visiblement sous l'influence d'une
maladie dont on ne pouvait encore prévoir les prochaines
et fatales conséquences.

Et vous le savez, Messieurs, il y a de cela un peu plus
de deux années, se sentant déjà bien éprouvé par la
souffrance, M. Bricon prit la détermination de se dé-
mettre de ses fonctions qu'il exerçait avec une si sage
autorité.

Malgré nos pressantes sollicitations pour le conserver
à notre tête, et nos fermes engagements de le soulager
activement dans l'accomplissement de sa tâche, il de-
meura inébranlable dans cette résolution que lui impo-
sait un besoin absolu de repos ; dans cette pénible alter-

native, les pensées, les espérances se reportèrent sur votre Vice-Président-adjoint; et, je l'avoue, mon premier mouvement fut de décliner un honneur entraînant avec lui une si lourde responsabilité; mais des instances réitérées, des témoignages touchants de confiance et de sympathies, et d'ailleurs, l'absence complète de prétendants à la dignité vacante m'amenèrent à accepter, malgré mes appréhensions, les délicates fonctions dont je me trouve investi aujourd'hui. Toutefois, je crus devoir mettre à mon acceptation ces deux conditions expresses : qu'en récompense de ses longs et signalés services, notre ancien Président serait proclamé d'enthousiasme Président honoraire à vie, et surtout qu'il consentirait à diriger mes premiers pas dans la voie si habilement parcourue par lui. Ainsi soutenu depuis ma première élévation à la présidence par les conseils et l'expérience de cet auxiliaire dévoué, j'ai éprouvé la satisfaction profonde de voir notre œuvre se maintenir et même progresser rapidement.

Mais, je le déclare hautement, les succès obtenus, les heureux résultats constatés de jour en jour sont dus surtout à l'initiative, à la sollicitude et au concours généreux de M. Noël Bricon. Ainsi, vous avez entendu encore la voix de notre Président honoraire s'élever pour la dernière fois hélas! dans l'Assemblée générale du 17 mai dernier, pour y soutenir, avec l'énergie de la conviction, les principes qui représentaient à ses yeux la tradition, le droit et la vérité. Il vous était réservé, mes chers Sociétaires, de voir une dernière fois, le 4 juillet dernier, notre bon Président, venu au bras d'un ancien collègue, assister à notre fête religieuse; mais c'était là la dernière faveur que le ciel devait accorder à son courageux dévouement.

Comme nous, ce jour-là, vous avez pu constater avec douleur les ravages profonds que le mal avait exercés sur son visage toujours si bienveillant! Ce fut sa dernière sortie, ce fut le dernier effort que son attachement sans bornes pour la Société lui avait rendu possible

A partir de cette époque, il déclina rapidement : j'ai suivi avec une sollicitude pleine d'affliction et de respect la dernière période de son existence. Sa chère Société de secours mutuels, je vous l'affirme, était restée sa plus vive préoccupation, cette pensée calmait un peu ses souffrances. Dans un de nos derniers entretiens, il se rappela avoir été gravement malade en 1851, ce qui avait provoqué de la part de la Société, à la suite d'une Assemblée générale, une visite du Président, du Conseil et de tous les Sociétaires venus en masse s'informer de l'état de sa santé. Au souvenir de cette démarche si honorable pour tous, et dont il avait été profondément touché, ses larmes coulèrent d'attendrissement et il me dit : « Mes pauvres amis qui m'ont donné tant de preu« ves de leur confiance et de leur affection, dire que je « ne puis plus rien aujourd'hui pour eux! » Nous sommes allés souvent encore, durant cette dernière maladie, nous tous ses anciens collègues, prendre de ses chères nouvelles et serrer avec effusion sa main amie, mais nous nous y sommes rendus individuellement afin de lui épargner de trop fortes impressions que son âme sensible était déjà si disposée à ressentir.

Hélas! ni les soins empressés, ni les ferventes prières d'une vertueuse compagne, ni les vœux sincères, ni l'attachement immuable des siens, de ses amis et de tous ceux enfin qui l'ont connu et apprécié, ne pouvaient enrayer le progrès d'un mal destructeur; la fin du pauvre malade approchait, ses souffrances allaient s'éteindre dans la mort !

La vie de notre cher et regretté Président peut se résumer dans ces deux mots : *tout par le travail et pour le travail.* Son travail fut aussi désintéressé que fécond. Que de temps précieux dépensé par lui pendant vingt-trois années consécutives au service de sa chère Association de prévoyance! Comme celui dont il fut le collègue et ami et en dernier lieu le digne continuateur, il nous a consacré le plus pur de son intelligence et de son cœur, ses derniers sentiments, sa dernière pensée.

Il nous quitte dans ce même mois d'août, à cette même date, où le Président Caubert s'est séparé de ses enfants ainsi qu'il nous appelait si tendrement.

Les noms des Présidents Sylvain Caubert et Noël Bricon resteront à jamais inséparables dans nos annales comme dans nos cœurs.

M. Noël Bricon était encore l'ami le plus sûr, le plus éclairé et le plus tendre qu'on pût rencontrer en ce monde. Ai-je besoin de rappeler ici sa liaison ancienne et étroite avec notre regretté Juge de Paix, M. Flan, dont la perte récente le laissa inconsolable !

La vie de notre vénéré Président, toute de labeur, d'abnégation et de dévouement, avait été invariablement chrétienne, sa fin devait être celle d'un chrétien fervent.

Les deux nobles sentiments qui s'étaient partagé son âme, son amour pour le prochain et sa foi en son Dieu, s'unirent pour la soutenir et raffermir son courage dans les angoisses de la crise suprême.

M. Noël Bricon était aussi réellement un père pour cette Société qui, ne pouvant se résigner à se séparer de son bienfaiteur, avait su le rattacher à jamais en créant pour lui seul, dans l'élan de sa reconnaissance, cette dignité de Président honoraire à vie qui s'éteint sans doute avec lui.

Mais pourquoi tant de vaines paroles impuissantes à nous rendre notre ami et notre bienfaiteur?

Ne trouve-t-on pas dans ce concours empressé de parents, d'amis, de Sociétaires, de représentants des Associations mutuelles voisines et de toutes nos populations, le panégyrique le plus éloquent en faveur de celui qui fut réellement le meilleur des époux, des pères, des amis, le modèle des administrateurs et des citoyens !

Adieu, notre cher et vénéré Président ! Adieu, au nom de cette veuve, frappée au cœur par la plus cruelle séparation, et que suivront toujours nos plus respectueuses sympathies ! Adieu, au nom d'une famille consternée de la perte de son chef ; adieu, au nom de cette Société de secours mutuels éplorée qui conservera religieusement et à jamais le souvenir de vos bienfaits! Adieu enfin, au nom de tous vos amis et de vos concitoyens qui regretteront éternellement en vous un homme de cœur! Reposez en paix, non loin de celui dont vous étiez le disciple et l'ami, et goûtez ensemble les joies ineffables de l'éternité bienheureuse, car on peut dire de vous comme de lui :

« Il a passé en faisant le bien. »

Discours de M. Dubois, Président de la Société de Saint-Denis d'Argenteuil.

MESSIEURS,

Après le long et brillant discours que vous venez d'entendre, une bouche plus éloquente que la mienne, en ce moment solennel et en présence de ce grand concours d'assistants, aurait pu rendre avec plus d'éclat les qualités éminentes de celui que nous venons d'accompagner dans ce lieu de repos ; mais qu'il me soit permis, au nom de la Société de Saint-Denis d'Argenteuil et des députations des Sociétés voisines, de penser un instant que l'intention du cœur peut suppléer au défaut de savoir.

La mort, inexorable à la voix suppliante, vient de nous frapper dans la perte (bien cruelle) d'un Frère, d'un Collègue aimé ; cette calamité si touchante vient de nous enlever un membre de la grande famille, c'est-à-dire le père de la Société, si nombreuse, de Montmorency ; serait-ce la malédiction d'une Providence ingrate ? Oh non, cette pensée ne peut entrer dans notre esprit !... L'équité, la droiture des actions que nos Sociétés pratiquent nous élèvent trop au-dessus de pareilles craintes, pour en redouter le châtiment dans nos plus chères affections.

Le Créateur en nous jetant sur cette terre nous a donné un cœur reconnaissant pour nous soutenir dans l'accablement et le malheur. O chers Frères, si tous les hommes, comme nous, étaient animés des sentiments fraternels tels que nous les comprenons, si l'amour du bien était le mobile de leurs actions, nous n'aurions point à déplorer ces calamités qui portent atteinte au développement de nos institutions; car vous ne pouvez le méconnaître, Messieurs, quand on sait s'entendre sur les principes harmoniques qui unissent les hommes par les liens de la fraternité, les idées se rapprochent et les intérêts se confondent sans ambition ni violence.

M. Bricon, homme d'une grande intelligence, avait bien compris tout ce qu'il y avait de bon et d'utile dans ces principes; aussi en fut-il l'un des plus fervents propagateurs.

Longtemps Vice-Président, il déploya un zèle digne d'éloges. Plus tard, après la perte bien regrettable de M. Sylvain Caubert, il fut élu Président; il remplit ses nouvelles fonctions avec un dévouement sans bornes qui lui attira l'affection générale de ses collègues. Soyons donc envers lui ce qu'il fut envers nous, témoignons-lui notre gratitude par nos regrets éternels.

Vous tous, Parents, Amis et Frères, vous qui, par un devoir sacré, venez dans ce lieu de repos donner les dernières preuves d'attachement sincère, ne ressentez-vous pas dans votre émotion profonde quelque chose qui vous dit que la nature est ingrate, sans égard pour les qualités du cœur; elle qui vient nous ravir un Ami, un Collègue que nous affectionnions par ses brillantes qualités qui ne faillirent jamais pendant les nombreuses années que nous l'avons connu? Oui, elle est ingrate; Bricon, excellent époux, bon père de famille, était digne d'un meilleur partage!!!

Dans la Société de Montmorency, dont il était le soutien constant et dévoué, ses actions bienfaisantes n'ont pas été moins méritoires pour tout ce qui pouvait contribuer au soulagement de ceux dont les besoins se faisaient sentir.

Pour de telles actions, Messieurs, la tâche est belle de les reproduire dans une cérémonie aussi imposante, en présence des Parents, des nombreux Amis qui l'ont connu.

Je n'insisterai pas sur ce point ; le grand concours de personnes honorables qui se pressent autour de cette tombe prouve assez son mérite, sans qu'il soit besoin de retracer plus longuement les services qu'il a rendus, et qui, du reste, ont été exposés avec un talent remarquable par mon honorable Collègue et Ami, le baron Burthe ; les pleurs, les gémissements qui se font entendre en ce lieu de recueillement nous révèlent encore plus combien les cœurs sont absorbés, anéantis dans une douleur commune.

Bricon, si une mort bien cruelle te sépare de ceux que tu affectionnais, du moins elle n'effacera jamais l'amitié ni les regrets qui ne cesseront d'exister dans leur souvenir.

O vous, Père des humains, quel que soit votre jugement, jetez un regard protecteur sur celui qui n'eut d'autres sentiments que ceux inspirés par le cœur, que le bien-être de son prochain ; soyez pour lui la consolation personnifiée de sa famille.

Cher Bricon, le cœur navré, l'âme chagrine, tes nombreux Amis, ta Famille, tes Collègues de la Société de Montmorency et des communes voisines viennent arroser cette tombe de leurs larmes, seul et dernier gage de leur attachement ; reçois donc ces marques de leur sympathie avant que cette terre recouvre ce cercueil dépositaire de ton corps inanimé. Adieu, cher ami, adieu, homme de bien, repose en paix !

Imprimerie HUARD, à Montmorency.

* 9 7 8 2 0 1 3 4 9 1 7 6 1 *